초등 공부력 강화 프로젝트

그림 한자

동양북스 교육콘텐츠연구회 지음

단계 1

동양북스

슈퍼파워 미션 지도

매일매일 공부하면 한자 슈퍼파워가 생겨요!
하루에 한 장 열심히 공부하고 미션맵에 성공도장을 찍어 보세요!

무엇을 배울까요?

슈퍼파워 미션 지도 • 2
무엇을 배울까요? • 4
어떻게 사용할까요? • 6
지도 노하우 Q&A • 8

1주차 숫자를 배워요.

1일	一자와 二자를 배워요. • 12
2일	四자와 五자를 배워요. • 16
3일	六자와 七자를 배워요. • 20
4일	八자와 九자를 배워요. • 24
5일	十자와 萬자를 배워요. • 28

나는야 급수왕/놀이왕 • 32

2주차 호칭을 배워요.

6일	父자와 母자를 배워요. • 40
7일	兄자와 弟자를 배워요. • 44
8일	長자와 女자를 배워요. • 48
9일	三자와 寸자를 배워요. • 52
10일	大자와 小자를 배워요. • 56

나는야 급수왕/놀이왕 • 60

3주차 요일을 배워요.

| 11일 | 月자와 火자를 배워요. • 68 |
| 12일 | 水자와 木자를 배워요. • 72 |

13일	金자와 土자를 배워요. • 76
14일	中자와 日자를 배워요. • 80
15일	韓자와 國자를 배워요. • 84

나는야 급수왕/놀이왕 • 88

4주차 방향을 배워요.

16일	東자와 西자를 배워요. • 96
17일	南자와 北자를 배워요. • 100
18일	門자와 外자를 배워요. • 104
19일	學자와 校자를 배워요. • 108
20일	敎자와 室자를 배워요. • 112

나는야 급수왕/놀이왕 • 116

5주차 사람을 배워요.

20일	先자와 生자를 배워요. • 124
21일	軍자와 人자를 배워요. • 128
22일	王자와 民자를 배워요. • 132
24일	靑자와 白자를 배워요. • 136
25일	山자와 年자를 배워요. • 140

나는야 급수왕/놀이왕 • 144

부록 슈퍼 그림한자50 모아보기 • 152
한자능력검정시험 대비 8급 문제지 • 153
정답 • 155

어떻게 사용할까요?

이 책은 처음 한자를 접하는 학생들이 그림을 통해 좀 더 쉽게 한자를 배우는데 목표를 두고 다음과 같이 구성하였습니다.

1단계 매일매일 체크해요!
하루에 두 글자씩, 25일에 완성하는 그림 한자 프로그램으로, 매일매일 체크하며 공부습관을 길러요!

2단계 그림으로 친해져요!
그림에 녹아 있는 한자와 한자어 낱말의 이야기를 잘 살펴보고, 한자를 천천히 따라 씁니다.

3단계 바르게 익혀요!
한자의 뜻과 소리를 큰 소리로 따라 읽으며 한자의 모양을 익힙니다. 한자가 쓰인 낱말을 읽으면 한자를 더 폭넓게 활용할 수 있어요.
그리고 한자를 획순에 맞추어 또박또박 씁니다. 천천히 뜻과 소리를 따라 읽으며 한 획씩 따라 쓰면 한자 슈퍼파워가 생겨요.

4단계 꼼꼼하게 확인해요!

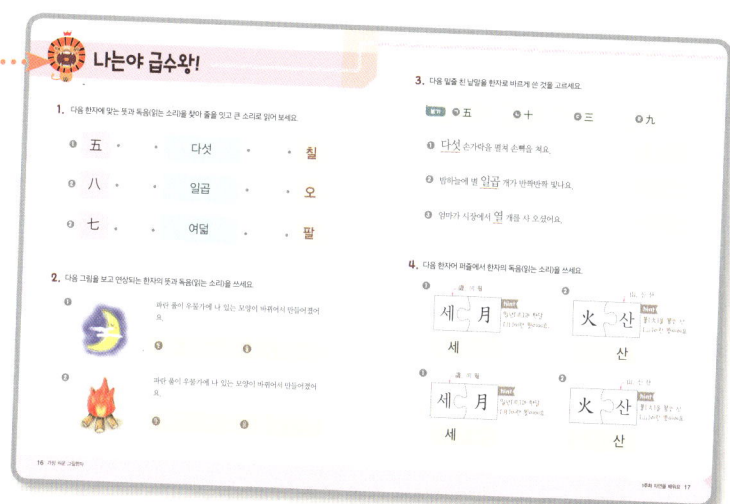

한 주 동안 배운 한자의 뜻과 소리, 한자어 활용에 대한 다양한 문제를 풀며 한자능력검정시험을 준비할 수 있어요. 이렇게 문제를 풀다 보면 자연스럽게 어휘력도 쑥쑥 자라나요!

5단계 놀면서 배워요!

그림 속 숨어 있는 한자를 찾고, 친구와 함께 놀이를 하다보면 그동안 배운 한자를 오래 기억할 수 있어요!

6단계 미리 준비해요!

실제 시험을 대비해서 8급 한자시험을 풀어 보아요. 그동안 모아둔 슈퍼파워를 쓰면 아주 쉽게 시험에 합격할 거예요!

정답 QR코드를 스캔하여 문제의 정답을 확인하세요.

일러두기

본 교재는 사단법인 한국어문회 급수를 기준으로, 8급에 해당하는 한자로 구성되어 있습니다.
내용 중 급수에 포함되지 않는 한자는 본문에서 해당 급수를 표시하였습니다.

어떻게 사용할까요? 7

지도 노하우 Q&A

 한자를 배우면 무엇이 좋을까요?

　　한자는 우리말 낱말의 기초를 이루고 있어요. 우리말 중에서 한자로 구성된 낱말이 전체의 70% 이상을 차지할 정도로 많아요. 특히 학습에 필요한 낱말 중 90% 이상이 한자어이기 때문에 한자를 잘 알면 단순히 국어 실력만 높아지는 것을 넘어서, 수학이나 과학, 사회와 같은 과목 공부도 아주 쉬워지지요.
　　한자에는 '확장성'이라는 힘이 있기 때문에, 하나의 한자로도 수많은 낱말을 이해할 수 있게 됩니다. 예를 들어 '水(물 수)'라는 한자를 배우고 나면, '수돗물', '수영', '강수량' 등 정말 수없이 많은 단어를 이해할 수 있는 거예요. 그러니 처음부터 너무 겁먹지 말고 꾸준히 한자 공부를 이어나가도록 해요!

 어떻게 하면 효과적으로 공부할 수 있을까요?

　　한자는 맨 처음 그림에서 출발한 문자입니다. 특히 우리가 처음 배우는 기초한자의 경우에는 그림문자에서 나온 '상형문자'가 많아요. 그러므로 그림을 토대로 한자를 이해하면 한자의 뜻도 자연스럽게 알 수 있게 되는 거예요. 또 한자를 따라 쓰는 것은 아주 효과적인 방법입니다. 쓰기는 뇌 활성화에 큰 도움을 주기 때문에 그냥 외우는 것보다 더 오래, 강하게 기억할 수 있거든요. 이때 한자의 뜻과 소리를 큰 소리로 읽으면서 쓴다면 효과가 더 좋지요!
　　그리고 급수 시험을 보는 것도 좋아요. 자신의 한자 실력이 어느 정도인지 평가하면서, 성취감도 맛볼 수 있기 때문이에요. 시험이라 하면 굉장히 긴장되고 어려울 것 같지만, 새로운 경험도 쌓고 성취감도 얻을 수 있으니, 급수 시험은 학생들에게 일석이조랍니다.

[한자능력검정시험 안내]

1권	8급	학습 동기부여를 위한 기초단계(상용한자 50자)
2권	7II급	기초 사용한자 활용의 초급단계(상용한자 100자)
3권	7급	기초 사용한자 활용의 초급단계(상용한자 150자)

* 한자능력검정시험 일정 및 접수방법은 한국어문회 홈페이지(www.hanja.re.kr) 등을 참고하세요.

어떻게 하면 한자를 쉽게 쓸 수 있을까요?

한자는 보기만 해도 어려운데 쓰려고 하면 획이 이리저리 엉켜 있어 당황하기 쉬워요. 획순의 기초를 이해하면 쉽습니다. 획순이란 쓰는 순서인데, 이것은 선조들이 아주 오랫동안 한자를 쓰면서 편리하고 빠르게 쓰는 방법을 찾아내 정리한 것이에요. 그러니 억지로 외울 필요가 없이, 쓰다보면 자연스럽게 획순에 맞게 쓰게 됩니다. 아래 다섯 가지 순서를 익혀 보세요!

- 상하 구조의 것은 위에서부터 아래로 씁니다.

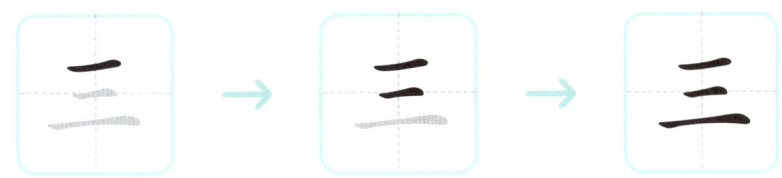

- 좌우 대칭형의 것은 가운데를 먼저 쓰고, 좌우의 것은 나중에 씁니다.

- 글자 전체를 관통하는 세로 획은 맨 마지막에 씁니다.

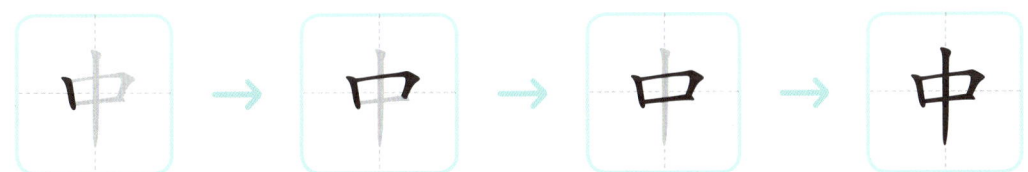

- 좌우 구조의 것은 왼쪽에서부터 오른쪽으로 씁니다.

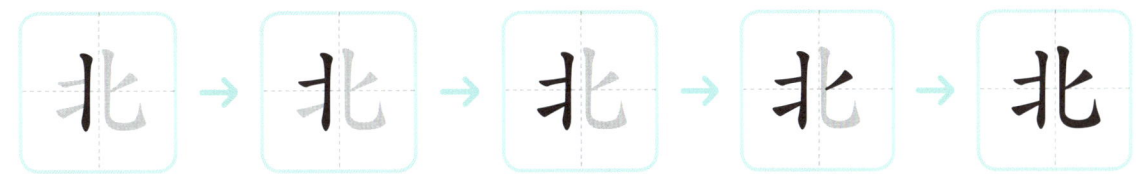

- 내외 구조의 것은 바깥의 것을 먼저 쓰고 안의 것은 나중에 씁니다.

1주차

숫자를 배워요.

1일   一자와 二자를 배워요.

2일   四자와 五자를 배워요.

3일   六자와 七자를 배워요.

4일   八자와 九자를 배워요.

5일   十자와 萬자를 배워요.

놀이왕   맛있는 간식 / 재밌는 수셈

*三자는 2주 차에서 배워요. (9일)

Day 01 一자와 二자를 배워요.

한 일 一

귀여운 곰 인형 하나와 토끼 인형 두 개가 있어요.
아래 그림을 보고 '하나'와 '둘'을 나타내는 한자를 따라 써 봅시다.

二 두 이

한(하나) 일

'하나(1)'라는 뜻이고, '일'이라고 읽어요.
'일 년', '통일' 할 때 쓰는 한자예요.

막대기 하나가 놓여 있는 모양에서 만들어진 글자예요.

一

부수 一   총획 1획

한 일	한 일	한 일	한 일
한 일	한 일	한 일	한 일
한 일	한 일	한 일	한 일

두(둘) 이

'둘(2)'이라는 뜻이고, '이'라고 읽어요.
'이월', '이층' 할 때 쓰는 한자예요.

막대기 두 개가 나란히 놓여 있는 모양에서 만들어진 글자예요.

부수 二 **총획** 2획

두 이   두 이   두 이   두 이

두 이   두 이   두 이   두 이

두 이   두 이   두 이   두 이

1주차 숫자를 배워요

Day 02 四자와 五자를 배워요.

넉 사

강아지 네 마리와 오리 다섯 마리가 배를 타고 바다를 건너고 있어요.
아래 그림을 보고 '넷'과 '다섯'을 나타내는 한자를 따라 써 봅시다.

다섯 오

넉(넷) 사

'넷(4)'이라는 뜻이고, '사'라고 읽어요.
'사촌', '사방팔방' 할 때 쓰는 한자예요.

양쪽 손가락을 두 개씩 편 모양에서 만들어진 글자예요.
둘 더하기 둘은 넷이죠.

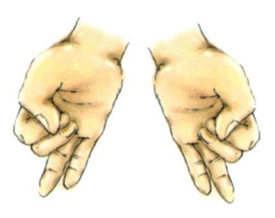

四 四 四 四 四

부수 口　**총획** 5획

넉 사	넉 사	넉 사	넉 사
넉 사	넉 사	넉 사	넉 사
넉 사	넉 사	넉 사	넉 사

다섯 오

'다섯(5)'이라는 뜻이고, '오'라고 읽어요.
'오월', '오색' 할 때 쓰는 한자예요.

손가락을 다 편 손 모양에서 만들어진 글자예요.

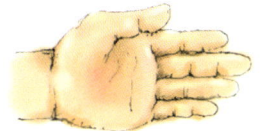

五 五 五 五

부수 二　총획 4획

| 다섯 오 | 다섯 오 | 다섯 오 | 다섯 오 |

| 다섯 오 | 다섯 오 | 다섯 오 | 다섯 오 |

| 다섯 오 | 다섯 오 | 다섯 오 | 다섯 오 |

1주차 숫자를 배워요

Day 03 六자와 七자를 배워요.

여섯 륙

우리 여섯 친구가 밤 하늘을 올려다보며 별을 세고 있어요. 모두 일곱 개, 북두칠성이에요.
아래 그림을 보고 '여섯'과 '일곱'을 나타내는 한자를 따라 써 봅시다.

七 일곱 칠

六

여섯 륙

'여섯(6)'이라는 뜻이고, '륙'이라고 읽어요.
'육각형', '유월(6월)' 할 때 쓰는 한자예요.

양쪽 손가락을 세 개씩 편 모양에서 만들어진 글자예요.
셋 더하기 셋은 여섯이죠.

낱말 맨 앞에 올 때는 '육'이라고 말해요.
또 '六月'은 '육월'이 아닌 '유월'이라고 말해요.

六 六 六 六

부수 八   총획 4획

여섯 륙	여섯 륙	여섯 륙	여섯 륙
여섯 륙	여섯 륙	여섯 륙	여섯 륙
여섯 륙	여섯 륙	여섯 륙	여섯 륙

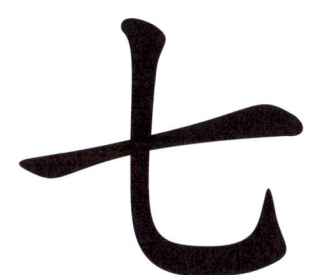

일곱 칠

'일곱(7)'이라는 뜻이고, '칠'이라고 읽어요.
'북두칠성', '칠월칠석' 할 때 쓰는 한자예요.

밤하늘에 펼쳐진 북두칠성 모양에서 만들어진 글자예요.

七 七

부수 一 　 총획 2획

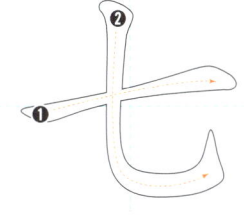 　 七 　 七 　 七

일곱 칠 　 　 일곱 칠 　 　 일곱 칠 　 　 일곱 칠

일곱 칠 　 　 일곱 칠 　 　 일곱 칠 　 　 일곱 칠

일곱 칠 　 　 일곱 칠 　 　 일곱 칠 　 　 일곱 칠

Day 04 八자와 九자를 배워요.

여덟 팔

둥실둥실 풍선이 하늘 높이 올라가요. 아이들과 풍선 개수를 세어 보아요.
아래 그림을 보고 '여덟'과 '아홉'을 나타내는 한자를 따라 써 봅시다.

아홉 구

여덟 팔

'여덟(8)'이라는 뜻이고, '팔'이라고 읽어요.
'팔월(8월)', '사방팔방' 할 때 쓰는 한자예요.

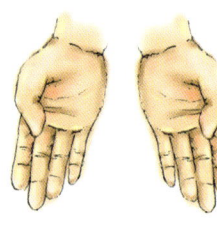

양쪽 손가락을 네 개씩 편 모양에서 만들어진 글자예요.
넷 더하기 넷은 여덟이죠.

八 八

부수 八 　 총획 2획

여덟 팔	여덟 팔	여덟 팔	여덟 팔
여덟 팔	여덟 팔	여덟 팔	여덟 팔
여덟 팔	여덟 팔	여덟 팔	여덟 팔

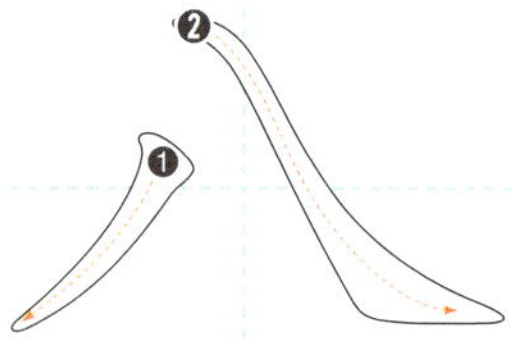

아홉 구

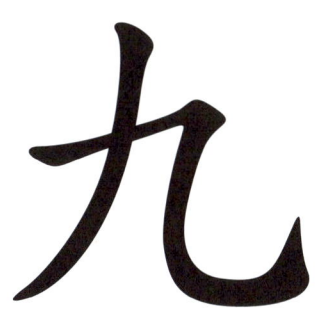

'아홉(9)'이라는 뜻이고, '구'라고 읽어요.
'구구법', '구월(9월)' 할 때 쓰는 한자예요.

'十'에서 하나가 구부러진 모양에서 만들어진 글자예요.
열에서 하나를 빼면 아홉이죠.

九 九

부수 乙   총획 2획

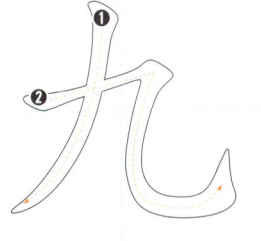

| 아홉 구 | 아홉 구 | 아홉 구 | 아홉 구 |

| 아홉 구 | 아홉 구 | 아홉 구 | 아홉 구 |

| 아홉 구 | 아홉 구 | 아홉 구 | 아홉 구 |

Day 05 十자와 萬자를 배워요.

열 십

十

한 친구가 아이스크림을 사러 가게로 뛰어가요. 손에 얼마를 가지고 있나요?
아래 그림을 보고 '열'과 '일만'을 나타내는 한자를 따라 써 봅시다.

일만 만

十

열 십

'十月'은 '십월'이 아닌,
'시월'이라고 말해요.

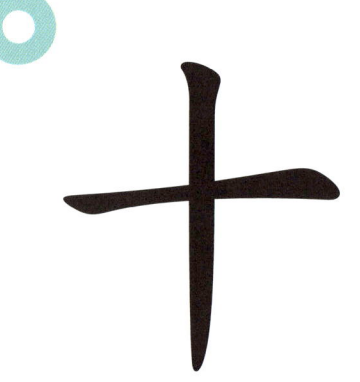

'열(10)'이라는 뜻이고, '십'이라고 읽어요.
'시월(10월)' 할 때 쓰는 한자예요.

막대기 열 개를 묶은 모양에서 만들어진 글자예요.

一 十

부수 十 총획 2획

十	十	十	十
열 십	열 십	열 십	열 십
열 십	열 십	열 십	열 십
열 십	열 십	열 십	열 십

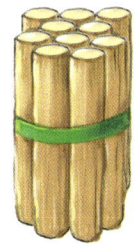

일만 만

'일만'이라는 뜻이고, '만'이라고 읽어요.
'만일', '만물' 할 때 쓰는 한자예요.

벌집에는 여러 개의 방이 촘촘하게 붙어있는 모양에서 만들어진 글자예요.

萬 萬 萬 萬 萬 萬 萬 萬 萬 萬 萬 萬 萬

부수 艹　**총획** 13획

일만 만　　일만 만　　일만 만　　일만 만

일만 만　　일만 만　　일만 만　　일만 만

일만 만　　일만 만　　일만 만　　일만 만

나는야 급수왕!

1. 다음 한자에 맞는 뜻과 독음(읽는 소리)을 찾아 줄을 잇고 큰 소리로 읽어 보세요.

① 五 • • 일곱 • • 오

② 七 • • 다섯 • • 팔

③ 八 • • 여덟 • • 칠

2. 다음 그림을 보고 연상되는 한자의 뜻과 독음(읽는 소리)을 쓰세요.

① 막대기 두 개가 나란히 놓여 있는 모양에서 만들어진 글자예요.

뜻   음

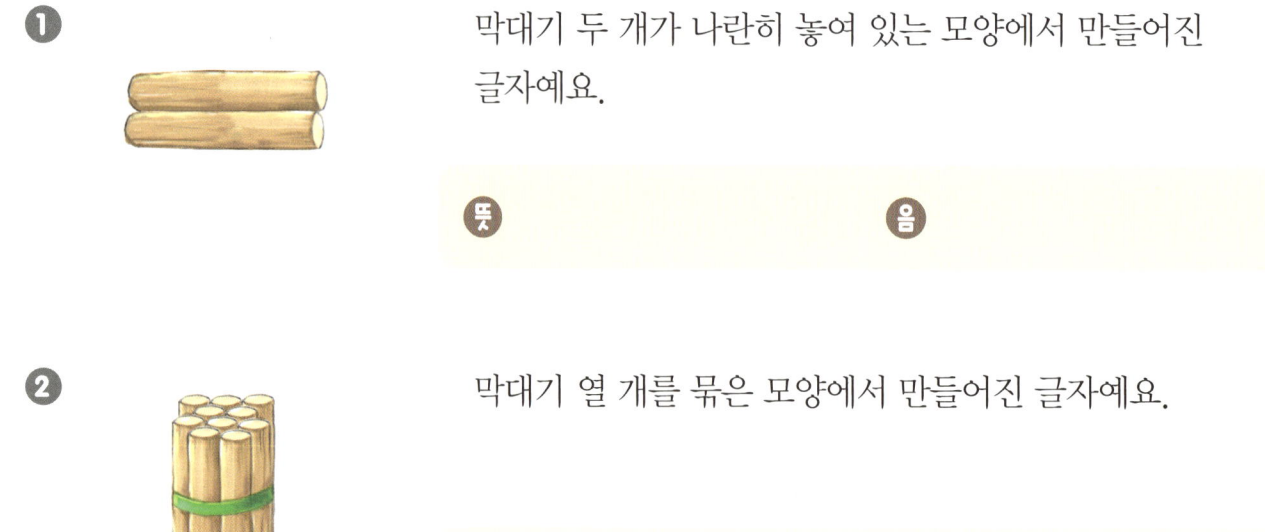

② 막대기 열 개를 묶은 모양에서 만들어진 글자예요.

뜻   음

3. 다음 밑줄 친 낱말을 한자로 바르게 쓴 것을 고르세요.

보기   ㄱ 十   ㄴ 五   ㄷ 七   ㄹ 九

① <u>다섯</u> 손가락을 펼쳐 손뼉을 쳐요.

② 밤하늘에 별 <u>일곱</u> 개가 반짝반짝 빛나요.

③ 엄마가 시장에서 사과 <u>열</u> 개를 사 오셨어요.

4. 다음 한자어 퍼즐에서 한자의 독음(읽는 소리)을 쓰세요.

① 統, 묶을 통
통 一
hint 나뉜 것을 '하나'로 묶는다는 뜻이에요.
통

② 角, 뿔 각 / 形, 모양 형
四 각 형
hint '네' 개의 모서리를 가진 도형을 말해요.
각 형

③ 月, 달 월
五 월
hint '다섯' 번째 달을 말해요.
월

④ 北, 북녘 북 / 斗, 말 두 / 星, 별 성
hint 북쪽 하늘에 빛나는 '일곱' 개의 별을 말해요.
북 두 七 성
북 두 성

5. 다음 밑줄 친 낱말을 한자로 바르게 쓴 것을 고르세요.

 ㄱ 萬一　　ㄴ 六日　　ㄷ 九九　　ㄹ 六十

① 할아버지의 <u>육십</u> 번째 생신을 다 같이 축하했어요.

② 내가 <u>만일</u> 새라면 얼마나 좋을까.

③ 언니는 곱셈 <u>구구</u>를 아주 잘 욉니다.

6. 다음 뜻과 음에 알맞게 한자를 완성하세요.

①
넉(넷) **사**

②
여섯 **륙**

③
아홉 **구**

④
일만 **만**

7. 다음 이야기를 읽고, 속담과 고사성어를 천천히 따라 써 보세요.

'꿩 먹고 알 먹기'라는 속담은 어떤 뜻일까요? 어떤 사람이 사냥을 나가서 꿩을 잡았는데, 둥지에 새알까지 있네요. 이렇게 한 가지 일을 했는데 생각지도 못한 덤까지 얻는다면 기분이 정말 좋겠지요? 비슷한 속담으로 '도랑 치고 가재 잡고'라는 말이 있어요. 고사성어 '일석이조(一石二鳥)'도 비슷한 뜻이 있어요. '돌 하나를 던져서 새 두 마리를 잡는다'는 뜻인데, 한 마리도 잡기 힘든 참새를 한꺼번에 두 마리나 잡다니, 사냥꾼은 정말 운이 좋네요.

✏️ **속담 쓰기**

꿩		먹	고		알		먹	기	
꿩		먹	고		알		먹	기	

✏️ **고사성어 쓰기**

一	石	二	鳥
한 **일**	돌 **석**	두 **이**	새 **조**

나는야 놀이왕!

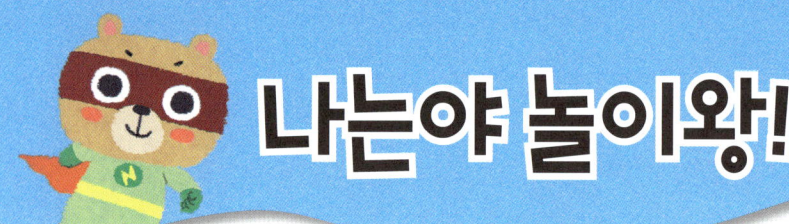

맛있는 간식

냉장고 안에 간식이 있어요. 간식의 숫자를 세어 빈칸에 한자로 적어 보세요.

보기

一 한(하나) 일	二 둘 이	三 석(셋) 삼
四 넉(넷) 사	五 다섯 오	六 여섯 륙

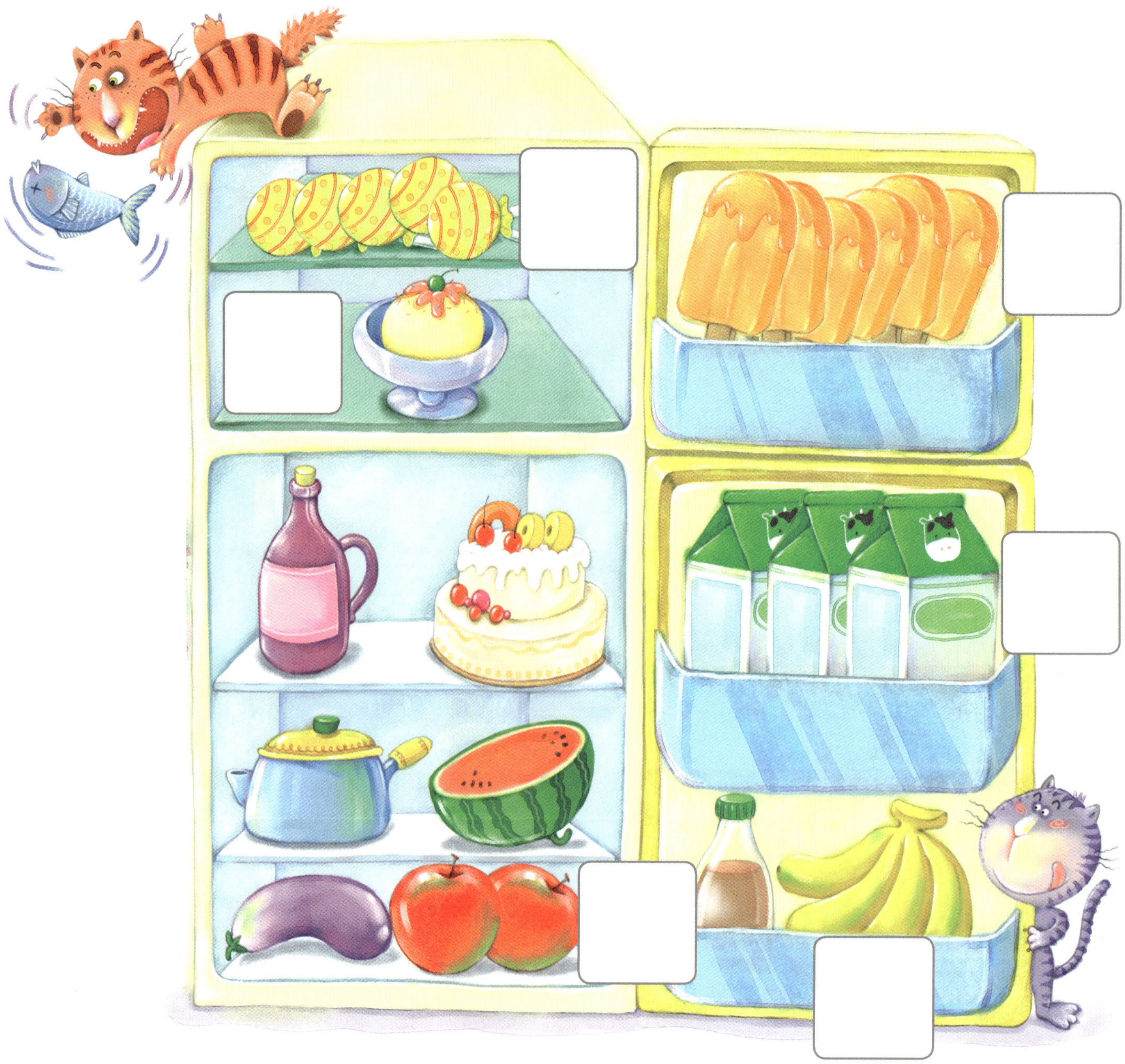

재미있는 수셈

여러 가지 사물이 있어요. 사물의 개수를 세고, 빈칸에 한자로 적어 보세요.

보기 二 둘 이   四 넉(넷) 사   五 다섯 오
　　　　六 여섯 륙   九 아홉 구   十 열 십

一 ＋ 一 ＝ ☐

二 ＋ 二 ＝ ☐

二 ＋ 三 ＝ ☐

一 ＋ 五 ＝ ☐

六 ＋ 三 ＝ ☐

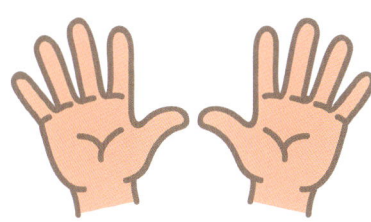

五 ＋ 五 ＝ ☐

2주차

호칭을 배워요.

6일	父자와 母자를 배워요.
7일	兄자와 弟자를 배워요.
8일	長자와 女자를 배워요.
9일	三자와 寸자를 배워요.
10일	大자와 小자를 배워요.
놀이왕	신나는 놀이공원 / 다정한 가족

Day 06 父자와 母자를 배워요.

父 아버지 부

아빠와 엄마가 아기를 데리고 산책을 나왔어요.
아래 그림을 보고 '아빠'와 '엄마'를 나타내는 한자를 따라 써 봅시다.

어머니 모

2주차 호칭을 배워요 41

아버지 부

'아버지'라는 뜻이고, '부'라고 읽어요.
'부모님', '부전자전' 할 때 쓰는 한자예요.

오른손에 돌도끼를 든 모습에서 만들어진 글자예요.

父 父 父 父

부수 父   총획 4획

아버지 부	아버지 부	아버지 부	아버지 부
아버지 부	아버지 부	아버지 부	아버지 부
아버지 부	아버지 부	아버지 부	아버지 부

어머니 모

'어머니'라는 뜻이고, '모'라고 읽어요.
'이모', '학부모' 할 때 쓰는 한자예요.

아기에게 젖을 먹이는 엄마의 모습에서 만들어진 글자예요.

母 母 母 母 母

부수 母 총획 5획

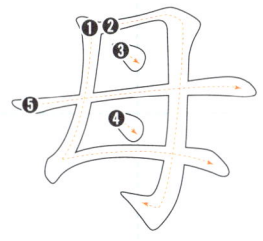

| 어머니 모 | 어머니 모 | 어머니 모 | 어머니 모 |

| 어머니 모 | 어머니 모 | 어머니 모 | 어머니 모 |

| 어머니 모 | 어머니 모 | 어머니 모 | 어머니 모 |

Day 07 兄자와 弟자를 배워요.

兄 형 형

형과 동생이 재미있게 장난감 놀이를 하고 있어요.
아래 그림을 보고 '형'과 '동생'을 나타내는 한자를 따라 써 봅시다.

아우 제

兄 형 형

'형', '맏이'라는 뜻이고, '형'이라고 읽어요.
'친형', '형제' 할 때 쓰는 한자예요.

말로 지시하며 이끄는 사람의 모습에서 '맏이'를 나타내게 되었어요.

兄 兄 兄 兄 兄

부수 儿　**총획** 5획

兄	兄	兄	兄
형 형	형 형	형 형	형 형
형 형	형 형	형 형	형 형
형 형	형 형	형 형	형 형

아우 제

'아우', '동생'이라는 뜻이고, '제'라고 읽어요.
'형제자매', '제자' 할 때 쓰는 한자예요.

형이 동생을 업고 있는 모습에서 만들어진 글자예요.

弟 弟 弟 弟 弟 弟 弟

부수 弓 총획 7획

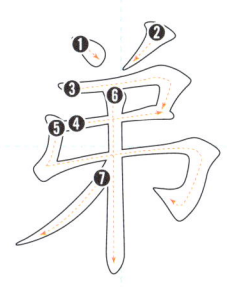

| 아우 제 | 아우 제 | 아우 제 | 아우 제 |

| 아우 제 | 아우 제 | 아우 제 | 아우 제 |

| 아우 제 | 아우 제 | 아우 제 | 아우 제 |

2주차 호칭을 배워요 47

Day 08 長자와 女자를 배워요.

길 장

큰누나(큰언니)를 무엇이라고 부를까요?
아래 그림을 보고 '길다, 어른'과 '여자'를 나타내는 한자를 따라 써 봅시다.

여자 녀

길(길다) 장 / 어른 장

'길다', '어른'이라는 뜻이고, '장'이라고 읽어요.
'교장 선생님', '장점' 할 때 쓰는 한자예요.

머리를 길게 늘어뜨린 노인이 지팡이를 짚고 있는 모습에서 만들어진 글자예요.

長 長 長 長 長 長 長 長

부수 長 **총획** 8획

길 장	길 장	길 장	길 장
길 장	길 장	길 장	길 장
길 장	길 장	길 장	길 장

여자 녀

낱말 맨 앞에 올 때는 '여'라고 말해요.

'여자'라는 뜻이고, '녀'라고 읽어요.
'여자', '여동생' 할 때 쓰는 한자예요.

무릎을 꿇고 앉아 있는 여자의 모습에서 만들어진 글자예요.

女 女 女

부수 女　총획 3획

女	女	女	女
여자 녀	여자 녀	여자 녀	여자 녀
여자 녀	여자 녀	여자 녀	여자 녀
여자 녀	여자 녀	여자 녀	여자 녀

2주차 호칭을 배워요

Day 09 三자와 寸자를 배워요.

석 삼

삼촌이 우리 집에 놀러 왔어요. 삼촌은 아빠와 정말 닮았어요!
아래 그림을 보고 '삼촌'을 나타내는 한자를 따라 써 봅시다.

마디 촌

三

석(셋) 삼

'셋(3)'이라는 뜻이고, '삼'이라고 읽어요.
'삼촌', '삼월(3월)' 할 때 쓰는 한자예요.

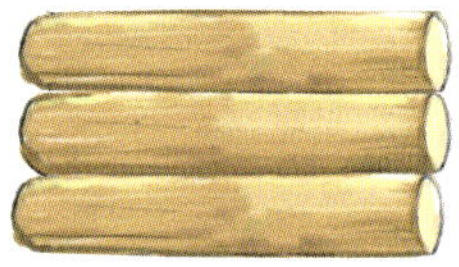

막대기 세 개가 놓여 있는 모양에서 만들어진 글자예요.

三 三 三

부수 一 총획 3획

석 삼 석 삼 석 삼 석 삼

석 삼 석 삼 석 삼 석 삼

석 삼 석 삼 석 삼 석 삼

마디 촌

'마디'라는 뜻이고, '촌'이라고 읽어요.
'삼촌', '사촌' 할 때 쓰는 한자예요.

잎이 달린 대나무 마디의 모양에서 만들어진 글자예요.

부수   총획 3획

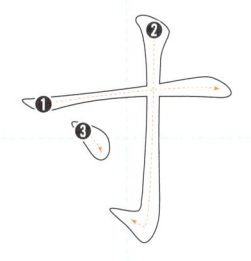

마디 촌   마디 촌   마디 촌   마디 촌

마디 촌   마디 촌   마디 촌   마디 촌

마디 촌   마디 촌   마디 촌   마디 촌

2주차 호칭을 배워요

Day 10 大자와 小자를 배워요.

클 대

공룡 친구들이 놀고 있어요. 몸집이 큰 공룡도 있고, 몸집이 작은 공룡도 있어요.
아래 그림을 보고 '크다'와 '작다'를 나타내는 한자를 따라 써 봅시다.

작을 소

클(크다) 대

'크다'라는 뜻이고, '대'라고 읽어요..
'대문', '세종대왕' 할 때 쓰는 한자예요.

사람이 양팔을 크게 벌리고 서 있는 모습에서 만들어진 글자예요.

大 大 大

부수 大 총획 3획

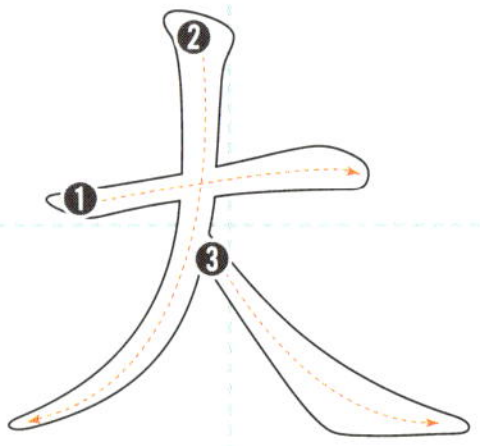

클 대	클 대	클 대	클 대
클 대	클 대	클 대	클 대
클 대	클 대	클 대	클 대

작을(작다) 소

'작다'라는 뜻이고, '소'라고 읽어요.
'소인', '소고' 할 때 쓰는 한자예요.

곡식의 작은 낱알이 흩어진 모양에서 만들어진 글자예요.

부수 小   총획 3획

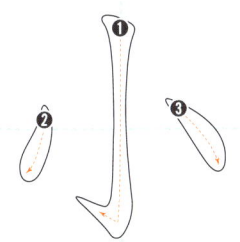

작을 소   작을 소   작을 소   작을 소

작을 소   작을 소   작을 소   작을 소

작을 소   작을 소   작을 소   작을 소

나는야 급수왕!

1. 다음 한자에 맞는 뜻과 독음(읽는 소리)을 찾아 줄을 잇고 큰 소리로 읽어 보세요.

① 弟	•	•	어머니	•	•	제
② 母	•	•	아우, 동생	•	•	형
③ 兄	•	•	형	•	•	모

2. 다음 그림을 보고 연상되는 한자의 뜻과 독음(읽는 소리)을 쓰세요.

①    잎이 달린 대나무 마디의 모양에서 만들어진 글자예요.

뜻   음

②    열 십 곡식의 작은 낱알이 흩어진 모양에서 만들어진 글자예요.

뜻   음

3. 다음 밑줄 친 낱말을 한자로 바르게 쓴 것을 고르세요.

> 보기 ㄱ 母   ㄴ 弟   ㄷ 兄   ㄹ 父

① 형과 <u>동생</u>은 서로 볏가마를 양보했어요.

② <u>엄마</u>와 함께 공원에 놀러 갔어요.

③ 우리 <u>아빠</u>는 키가 커요.

4. 다음 한자어 퍼즐에서 한자의 독음(읽는 소리)을 쓰세요.

5. 다음 밑줄 친 낱말을 한자로 바르게 쓴 것을 고르세요.

| 보기 | ㉠ 兄弟 | ㉡ 父母 | ㉢ 四寸 | ㉣ 三寸 |

① <u>부모</u>님께 카네이션을 달아 드렸어요.

② <u>형제</u>끼리 사이좋게 나누어 먹어야지.

③ 우리 <u>삼촌</u>은 파일럿입니다.

6. 다음 뜻과 음에 알맞게 한자를 완성하세요.

①
클 **대**

②
작을 **소**

③
여자 **녀**

④
길(길다) **장**

7. 다음 이야기를 읽고, 속담과 고사성어를 천천히 따라 써 보세요.

달걀처럼 잘 부서지는 것으로 바위를 깨부술 수 있을까요? 개미 한 마리가 코끼리를 들어올릴 수 있을까요? '달걀로 바위 치기'는 이처럼 둘의 실력 차이가 너무 커서, 대항해도 도저히 이길 수 없는 경우에 쓰는 속담이에요. 아무리 용기가 있더라도 너무 무모하게 덤비는 행동은 하지 않는 것이 좋아요.

같은 뜻을 가진 고사성어로는 '이란투석(以卵投石)'이라는 말이 있어요.

속담 쓰기

달	걀	로		바	위		치	기
달	걀	로		바	위		치	기

고사성어 쓰기

以	卵	投	石
써 **이**	알 **란**	던질 **투**	돌 **석**

나는야 놀이왕!

신나는 놀이공원

가족들이 다함께 놀이공원에 갔어요. 엄마도, 아빠도 신나게 놀이기구를 타고 있어요.
가족의 이름과 관련된 한자를 그림에서 찾아 동그라미표 하세요.

| 보기 | 父 아버지 부 | 母 어머니 모 | 兄 형 형 |
| | 弟 아우 제 | 長 길 장 | 大 클 대 |

다정한 가족

여러분은 형이나 동생이 있나요? 그림 속 '나'의 가족은 누가 있는지 그 이름을 보기에서 찾아 빈칸에 한자로 적어 보세요.

보기 父 아버지 **부**   母 어머니 **모**   兄 형 **형**
      弟 아우 **제**   三 석 **삼**   寸 마디 **촌**

3주차

요일을 배워요.

11일	月자와 火자를 배워요.
12일	水자와 木자를 배워요.
13일	金자와 土자를 배워요.
14일	中자와 日자를 배워요.
15일	韓자와 國자를 배워요.
놀이왕	하루하루 달력 / 붕붕 꼬마자동차

Day 11 — 月 자와 火 자를 배워요.

달 월

구름에 살짝 가린 달님은 밤하늘을 비추고, 캠핑을 나온 가족들은 모닥불을 피워 놓고 춤을 추어요. 아래 그림을 보고 '달'과 '불'을 나타내는 한자를 따라 써 봅시다.

불 화

달 월

'달'이라는 뜻이고, '월'이라고 읽어요.
'일월(1월)', '정월 대보름' 할 때 쓰는 한자예요.

구름이 살짝 걸친 달님의 모양에서 만들어진 글자예요.

月 月 月 月

부수 月 총획 4획

月	月	月	月
달 월	달 월	달 월	달 월

달 월	달 월	달 월	달 월

달 월	달 월	달 월	달 월

불 화

'불'이라는 뜻이고, '화'라고 읽어요.
'화산', '소화기' 할 때 쓰는 한자예요.

활활 타는 모닥불 모양에서 만들어진 글자예요.

火 火 火 火

부수 火   총획 4획

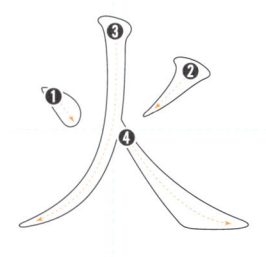

| 불 화 | 불 화 | 불 화 | 불 화 |

| 불 화 | 불 화 | 불 화 | 불 화 |

| 불 화 | 불 화 | 불 화 | 불 화 |

3주차 요일을 배워요

Day 12 水자와 木자를 배워요.

물 수

염소와 멧돼지가 냇가에서 물을 마시고 있어요. 들판에는 나무가 무럭무럭 자라고 있어요.
아래 그림을 보고 '물'과 '나무'를 나타내는 한자를 따라 써 봅시다.

나무 목

물 수

'물'이라는 뜻이고, '수'라고 읽어요.
'수영', '수도', '음료수' 할 때 쓰는 한자예요.

시내를 흐르는 물의 모양에서 만들어진 글자예요.

水 水 水 水

부수 水　총획 4획

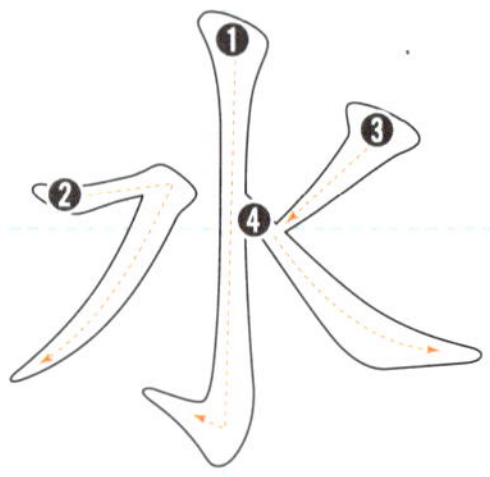

| 물 수 | 물 수 | 물 수 | 물 수 |

| 물 수 | 물 수 | 물 수 | 물 수 |

| 물 수 | 물 수 | 물 수 | 물 수 |

나무 목

'나무'라는 뜻이고, '목'이라고 읽어요.
'목마', '목련꽃' 할 때 쓰는 한자예요.

나무가 땅에서부터 하늘로 뻗어올라간 모양에서 만들어진 글자예요.

木 木 木 木

부수 木 　총획 4획

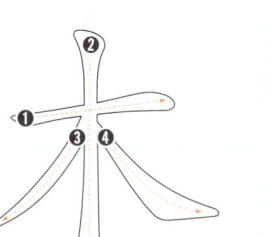   

나무 **목** 　　나무 **목** 　　나무 **목** 　　나무 **목**

나무 **목** 　　나무 **목** 　　나무 **목** 　　나무 **목**

나무 **목** 　　나무 **목** 　　나무 **목** 　　나무 **목**

3주차 요일을 배워요

Day 13 金자와 土자를 배워요.

金 쇠 금

난쟁이 광부들이 땅속에서 금을 캐고, 흙을 뚫고 올라온 새싹에 물을 주고 있어요.
아래 그림을 보고 '금'과 '흙'을 나타내는 한자를 따라 써 봅시다.

흙 토

쇠 금 / 성씨 김

'쇠(금속)'라는 뜻이고, '금'이라고 읽어요.
'금도끼', '금메달' 할 때 쓰는 한자예요.

땅속 갈라진 틈 사이로 금이 묻혀 있는 모양에서 만들어진 글자예요.

성씨를 나타낼 때는 '김'이라고 말해요.

金 金 金 金 金 金 金 金

부수 金 　 총획 8획

金	金	金	金
쇠 금	쇠 금	쇠 금	쇠 금

쇠 금	쇠 금	쇠 금	쇠 금

쇠 금	쇠 금	쇠 금	쇠 금

흙 토

土

'흙'이라는 뜻이고, '토'라고 읽어요.
'토지', '토종' 할 때 쓰는 한자예요.

새싹이 흙을 뚫고 솟아난 모양에서 만들어진 글자예요.

土 土 土

부수 土   총획 3획

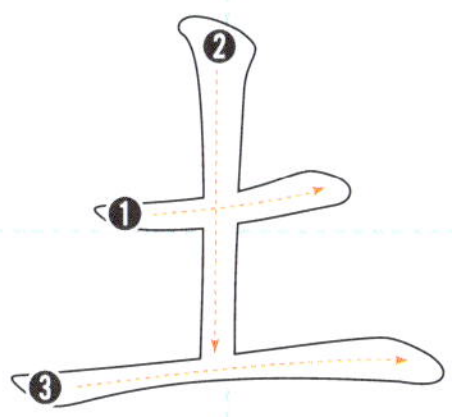

土	土	土	土
흙 토	흙 토	흙 토	흙 토
흙 토	흙 토	흙 토	흙 토
흙 토	흙 토	흙 토	흙 토

3주차 요일을 배워요

Day 14 中 자와 日 자를 배워요.

가운데 중

이웃 나라 중국과 일본의 친구가 서로 인사를 하고 있어요.
아래 그림을 보고 중국의 '중'과 일본의 '일'을 나타내는 한자를 따라 써 봅시다.

날 일

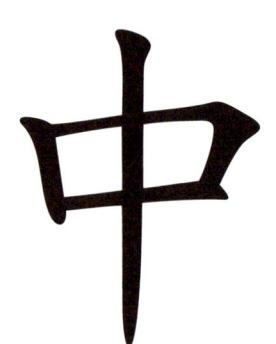

가운데 중

'가운데'라는 뜻이고, '중'이라고 읽어요.
'중심', '중국', '밤중' 할 때 쓰는 한자예요.

중심이 잡힌 팽이가 똑바로 서서 빙글빙글 도는 모양에서 만들어진 글자예요.

中 中 中 中

부수 丨 총획 4획

| 가운데 중 | 가운데 중 | 가운데 중 | 가운데 중 |

| 가운데 중 | 가운데 중 | 가운데 중 | 가운데 중 |

| 가운데 중 | 가운데 중 | 가운데 중 | 가운데 중 |

날 일 / 해 일

'날', '해'라는 뜻이고, '일'이라고 읽어요.
'생일', '일출' 할 때 쓰는 한자예요.

둥근 해 모양에서 만들어진 글자예요. 둥근 해가 네모가 됐네요.

日 日 日 日

부수 日   총획 4획

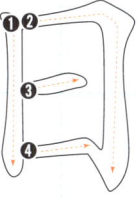         

날 일   날 일   날 일   날 일

날 일   날 일   날 일   날 일

날 일   날 일   날 일   날 일

3주차 요일을 배워요

Day 15 韓자와 國자를 배워요.

韓 나라 한

사람들이 모여서 모두 다 함께 대한민국 선수들을 응원하고 있어요. '대~한민국, 짝짝~짝 짝짝!' 아래 그림을 보고 '한국'과 '나라'를 나타내는 한자를 따라 써 봅시다.

나라 국

國

나라 한 / 한국 한

'나라'라는 뜻이고, '한'이라고 읽어요.
'대한민국', '한복' 할 때 쓰는 한자예요.

아침 해가 떠오르는 '동쪽의 위대한 나라'라는 뜻으로,
'한국'을 나타내게 되었어요.

韓 韓 韓 韓 韓 韓 韓 韓 韓 韓 韓 韓 韓 韓 韓 韓 韓 부수 韋 총획 17획

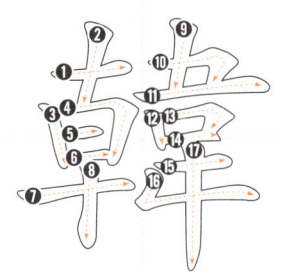   

나라 한   나라 한   나라 한   나라 한

나라 한   나라 한   나라 한   나라 한

나라 한   나라 한   나라 한   나라 한

나라 국

'나라'라는 뜻이고, '국'이라고 읽어요.
'국어', '애국가' 할 때 쓰는 한자예요..

병사가 창을 들고 영토를 지키는 모습에서 만들어진 글자예요.

國 國 國 國 同 同 囯 國 國 國 國

부수 口   총획 11획

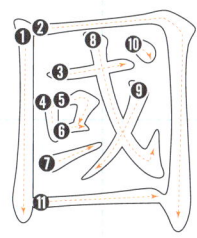         

나라 국   나라 국   나라 국   나라 국

나라 국   나라 국   나라 국   나라 국

나라 국   나라 국   나라 국   나라 국

나는야 급수왕!

1. 다음 한자에 맞는 뜻과 독음(읽는 소리)을 찾아 줄을 잇고 큰 소리로 읽어 보세요.

① 月 · · 나무 · · 목

② 木 · · 달 · · 월

③ 土 · · 흙 · · 토

2. 다음 그림을 보고 연상되는 한자의 뜻과 독음(읽는 소리)을 쓰세요.

①

땅속 갈라진 틈 사이로 금이 묻혀 있는 모양에서 만들어진 글자예요.

뜻   음

②

병사가 창을 들고 영토를 지키는 모습에서 만들어진 글자예요.

뜻   음

3. 다음 밑줄 친 낱말을 한자로 바르게 쓴 것을 고르세요.

보기 ㄱ 月   ㄴ 中   ㄷ 木   ㄹ 水

❶ 마당에 모과**나무**를 심었습니다.

❷ 휘영청 밝은 보름**달**이 떴어요.

❸ 화살이 날아가 과녁의 **가운데**를 뚫었어요.

4. 다음 한자어 퍼즐에서 한자의 독음(읽는 소리)을 쓰세요.

5. 다음 밑줄 친 낱말을 한자로 바르게 쓴 것을 고르세요.

보기   ㄱ 日國   ㄴ 日日   ㄷ 中國   ㄹ 水中

① 우리나라 선수에 뒤이어 **중국** 선수들이 입장했어요.

② 수족관에서 깊은 **수중**에 사는 물고기를 보았어요.

③ 방학이 되어 **일일** 생활계획표를 짰어요.

6. 다음 뜻과 음에 알맞게 한자를 완성하세요.

①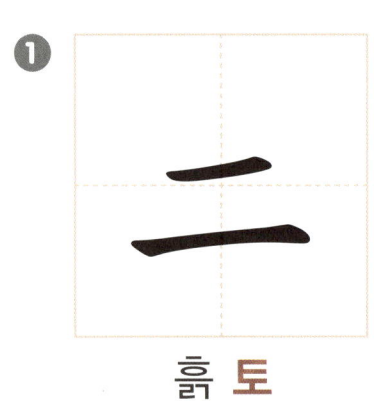
흙 **토**

②
나라 **국**

③
쇠 **금**

④
나라 **한**

7. 다음 이야기를 읽고, 속담과 고사성어를 천천히 따라 써 보세요.

'미꾸라지 한 마리가 온 웅덩이를 흐려 놓는다'라는 속담은 한 사람 때문에 주위에 있는 여러 사람이 피해를 입는다는 뜻이에요. 미꾸라지는 얕은 물의 바닥에서 사는 물고기인데, 한번 헤엄을 치면 바닥의 진흙이 일어 물이 뿌옇게 변해요. 말썽꾸러기 미꾸라지 한 마리 때문에 다른 물고기들까지 앞이 보이지 않아 이리저리 부딪힌다면 얼마나 안 좋은 상황이겠어요.

비슷한 뜻을 가진 고사성어로는 '일어탁수(一魚濁水)'라는 말이 있어요. 속담 그대로 '물고기 한 마리가 물을 흐리다'라는 뜻이에요.

✏️ 속담 쓰기

미	꾸	라	지		한		마	리	가	∨
온		웅	덩	이	를		흐	려		
놓	는	다								

✏️ 고사성어 쓰기

一	魚	濁	水
한 **일**	물고기 **어**	흐릴 **탁**	물 **수**

3주차 요일을 배워요 91

나는야 놀이왕!

하루하루 달력

우리 친구들이 제일 좋아하는 '어린이날'이 있는 5월이에요. 그런데 달력 맨 위에 요일이 빠져 있어요. 보기를 보고 달력의 빈칸을 채워 보세요.

보기 日 날 일   火 불 화   木 나무 목   土 흙 토

5月

	月		水		金	
		1	2	3	4	5
6	7		9	10	11	12
13	14			17	18	19
	21	22	23	24	25	26
27	28	29		31		

붕붕 꼬마자동차

그림 속에 무엇이 숨어 있을까요? 한자가 가리키는 색으로 예쁘게 칠해 보세요.

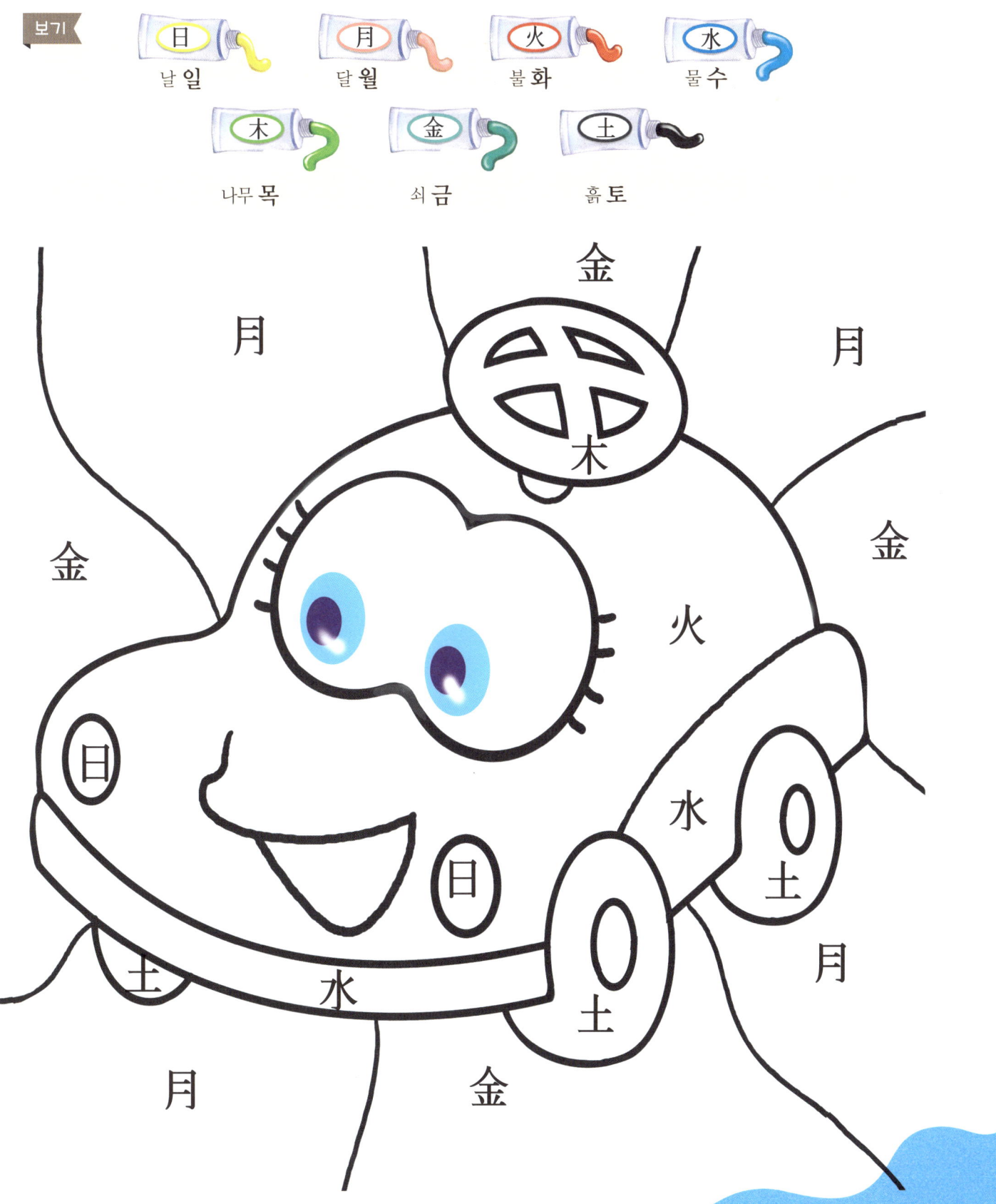

4주차

방향을 배워요.

16일 東자와 西자를 배워요.
17일 南자와 北자를 배워요.
18일 門자와 外자를 배워요.
19일 學자와 校자를 배워요.
20일 敎자와 室자를 배워요.

놀이왕 바다 속 탐험 / 깜짝 선물 상자

Day 16 東자와 西자를 배워요.

東 동녘 동

아침에 동쪽 하늘에서 떴던 해님이 어느새 서쪽 하늘로 지고 있어요.
아래 그림을 보고 '동쪽'과 '서쪽'을 나타내는 한자를 따라 써 봅시다.

서녘 서

동녘 동

'동쪽'이라는 뜻이고, '동'이라고 읽어요.
'동대문', '동해' 할 때 쓰는 한자예요.

해가 나뭇가지 사이로 떠오르는 모양에서 만들어진 글자예요.

東 東 東 東 東 東 東 東

부수 木 총획 8획

동녘 동 | 동녘 동 | 동녘 동 | 동녘 동

동녘 동 | 동녘 동 | 동녘 동 | 동녘 동

동녘 동 | 동녘 동 | 동녘 동 | 동녘 동

서녘 서

'서쪽'이라는 뜻이고, '서'라고 읽어요.
'서산', '서양' 할 때 쓰는 한자예요..

저녁이 되어 둥지로 되돌아온 새의 모습에서 만들어진 글자예요.

西 西 西 西 西 西

부수 西   총획 6획

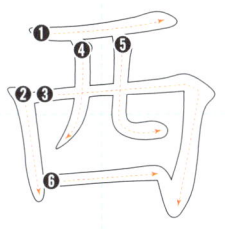

| 서녘 서 | 서녘 서 | 서녘 서 | 서녘 서 |

| 서녘 서 | 서녘 서 | 서녘 서 | 서녘 서 |

| 서녘 서 | 서녘 서 | 서녘 서 | 서녘 서 |

Day 17 南자와 北자를 배워요.

남녘 남

남극에는 펭귄이, 북극에는 흰곰과 에스키모가 살아요.
아래 그림을 보고 '남쪽'과 '북쪽'을 나타내는 한자를 따라 써 봅시다.

북녘 북

남녘 남

'남쪽'이라는 뜻이고, '남'이라고 읽어요.
'남대문', '남극' 할 때 쓰는 한자예요..

온실 안에 풀이 싹튼 모양에서 만들어진 글자예요.

南 南 南 南 南 南 南 南 南

부수 十   총획 9획

남녘 남	남녘 남	남녘 남	남녘 남
남녘 남	남녘 남	남녘 남	남녘 남
남녘 남	남녘 남	남녘 남	남녘 남

북녘 북 / 달아날 배

'북쪽'이라는 뜻이고, '북'이라고 읽어요.
'북한', '북극', '패배' 할 때 쓰는 한자예요.

두 사람이 서로 등지고 서 있는 모습에서 만들어진 글자예요. 여기서 '등지다', '달아나다'라는 뜻을 나타내게 되었어요.

北 北 北 北 北

부수 匕　총획 5획

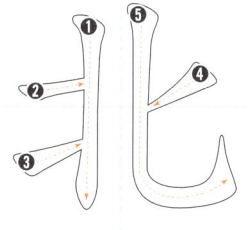

| 북녘 북 | 북녘 북 | 북녘 북 | 북녘 북 |

| 북녘 북 | 북녘 북 | 북녘 북 | 북녘 북 |

| 북녘 북 | 북녘 북 | 북녘 북 | 북녘 북 |

4주차 방향을 배워요

Day 18 — 門자와 外자를 배워요.

門
문 문

문밖 골목길에 아이들이 나와 신나게 뛰어 놀고 있어요.
아래 그림을 보고 '문'과 '바깥'을 나타내는 한자를 따라 써 봅시다.

바깥 외

門 문 문

'문'이라는 뜻이고, '문'이라고 읽어요.
'대문', '문지기' 할 때 쓰는 한자예요..

양쪽으로 열리는 여닫이문의 모양에서 만들어진 글자예요.

門 門 門 門 門 門 門 門

부수 門   총획 8획

바깥 외

'바깥'이라는 뜻이고, '외'라고 읽어요.
'외할머니', '야외' 할 때 쓰는 한자예요.

사람이 문을 지나 밖으로 나가는 모습에서 만들어진 글자예요.

外 外 外 外 外

부수 夕 총획 5획

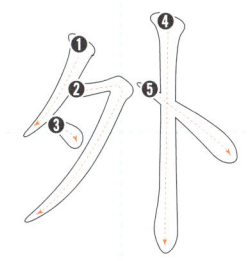

바깥 외   바깥 외   바깥 외   바깥 외

바깥 외   바깥 외   바깥 외   바깥 외

바깥 외   바깥 외   바깥 외   바깥 외

4주차 방향을 배워요

Day 19 學자와 校자를 배워요.

배울 학

학교 가는 길에 친구들을 만나 반갑게 인사를 해요!
아래 그림을 보고 '배우다'와 '학교'를 나타내는 한자를 따라 써 봅시다.

학교 교 校

배울(배우다) 학

'배우다'라는 뜻이고, '학'이라고 읽어요.
'학생', '학교', '입학' 할 때 쓰는 한자예요..

아이가 집에서 손으로 책을 잡고 읽는 모습에서 만들어진 글자예요.

學學學學學學學學學學學學學學學學

부수 子　총획 16획

배울 학　배울 학　배울 학　배울 학

배울 학　배울 학　배울 학　배울 학

배울 학　배울 학　배울 학　배울 학

학교 교

'학교'라는 뜻이고, '교'라고 읽어요.
'교장 선생님', '교문' 할 때 쓰는 한자예요.

나무 밑에서 학생들을 가르치는 모습에서 만들어진 글자예요.

校 校 校 校 校 校 校 校 校 校

부수 木 총획 10획

학교 교   학교 교   학교 교   학교 교

학교 교   학교 교   학교 교   학교 교

학교 교   학교 교   학교 교   학교 교

4주차 방향을 배워요

Day 20 敎자와 室자를 배워요.

가르칠 교

교실에서 선생님이 우리 친구들에게 공부를 가르쳐 줍니다.
아래 그림을 보고 '가르치다'와 '방'을 나타내는 한자를 따라 써 봅시다.

가르칠(가르치다) 교

'가르치다'라는 뜻이고, '교'라고 읽어요.
'교실', '교과서' 할 때 쓰는 한자예요.

매를 들고 아이에게 효를 가르치는 모습에서 만들어진 글자예요.

敎 敎 敎 敎 敎 敎 敎 敎 敎 敎

부수 攵　총획 11획

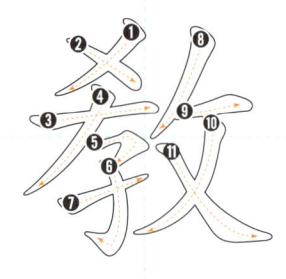

| 가르칠 교 | 가르칠 교 | 가르칠 교 | 가르칠 교 |

| 가르칠 교 | 가르칠 교 | 가르칠 교 | 가르칠 교 |

| 가르칠 교 | 가르칠 교 | 가르칠 교 | 가르칠 교 |

집 실

'집', '방'이라는 뜻이고, '실'이라고 읽어요.
'실내', '화장실' 할 때 쓰는 한자예요.

새가 둥지로 들어가는 모습에서 만들어진 글자예요.

室室室室室室室室室

부수 宀 총획 9획

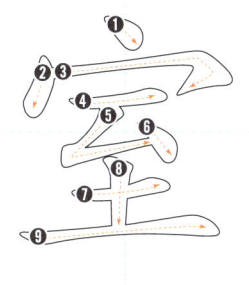

| 집 실 | 집 실 | 집 실 | 집 실 |

| 집 실 | 집 실 | 집 실 | 집 실 |

| 집 실 | 집 실 | 집 실 | 집 실 |

4주차 방향을 배워요 115

나는야 급수왕!

1. 다음 한자에 맞는 뜻과 독음(읽는 소리)을 찾아 줄을 잇고 큰 소리로 읽어 보세요.

2. 다음 그림을 보고 연상되는 한자의 뜻과 독음(읽는 소리)을 쓰세요.

①

양쪽으로 열리는 여닫이문의 모양에서 만들어진 글자예요.

②

두 사람이 서로 등지고 서 있는 모습에서 만들어진 글자예요.

3. 다음 밑줄 친 낱말을 한자로 바르게 쓴 것을 고르세요.

보기 ㄱ 日   ㄴ 室   ㄷ 南   ㄹ 北

① <u>북쪽</u>에서 찬바람이 불어왔어요.

② <u>집</u> 안에서 큰 소리가 났어요.

③ 봄이 되자 <u>남쪽</u>에서 제비가 날아왔어요.

4. 다음 한자어 퍼즐에서 한자의 독음(읽는 소리)을 쓰세요.

5. 다음 밑줄 친 낱말을 한자로 바르게 쓴 것을 고르세요.

 ㄱ 教室   ㄴ 學校   ㄷ 北中   ㄹ 南北

❶ <u>남북</u> 단일 대표팀이 세계탁구대회에서 우승했어요.

❷ 내일은 처음 <u>학교</u>에 가는 날이에요.

❸ 선생님이 <u>교실</u>에서 우리를 반갑게 맞아 주셨어요.

6. 다음 뜻과 음에 알맞게 한자를 완성하세요.

❶
문 **문**

❷
바깥 **외**

❸
동녘 **동**

❹
서녘 **서**

7. 다음 이야기를 읽고, 속담과 고사성어를 천천히 따라 써 보세요.

수영을 배울 때 가장 어려운 것은 바로 물에 뜨는 것이에요. 그런데 '땅 짚고 헤엄치기'처럼 얕은 물에서 바닥을 짚어가며 물장구를 치면 얼마나 쉬울까요? 이 속담은 일이 매우 쉬울 때를 비유하는 말이에요. 하지만 쉬운 일이라고 해서 우습게 여기고 대충 했다가는 실수하기 쉬우니까, '땅 짚고 헤엄치기'처럼 쉬운 일이라도 항상 꼼꼼하게 하는 습관을 들이세요.

비슷한 뜻을 가진 고사성어로는 '주머니 안에 있는 물건을 잡는 일'이라는 뜻의 '낭중취물(囊中取物)'이라는 말이 있어요.

✏️ 속담 쓰기

땅	짚	고	헤	엄	치	기
땅	짚	고	헤	엄	치	기

✏️ 고사성어 쓰기

囊	中	取	物
주머니 **낭**	가운데 **중**	가질 **취**	물건 **물**

나는야 놀이왕!

바다 속 탐험

한자들이 바다 속에 숨어 있어요. 방향과 관련된 한자를 찾아 동그라미표 하세요.

깜짝 선물 상자

선물 상자 안에 무엇이 들어 있을까요? 선물 상자에 쓰인 한자에 알맞은 뜻과 소리를 찾아 줄로 이어 보세요. 그리고 큰 소리로 읽어 봅시다.

5주차

사람을 배워요.

- **21일** 先자와 生자를 배워요.
- **22일** 軍자와 人자를 배워요.
- **23일** 王자와 民자를 배워요.
- **24일** 靑자와 白자를 배워요.
- **25일** 山자와 年자를 배워요.
- **놀이왕** 영차영차 개미 창고 / 신기한 곤충 잡기

Day 21 先자와 生자를 배워요.

먼저 선 先

우리 친구들이 선생님을 따라서 길을 건너고 있어요.
아래 그림을 보고 '선생님'을 나타내는 한자를 따라 써 봅시다.

날 생

먼저 선

'먼저'라는 뜻이고, '선'이라고 읽어요.
'선생님', '선진국' 할 때 쓰는 한자예요.

다른 사람보다 앞서 걸어가는 모습에서 만들어진 글자예요.

先 先 先 先 先 先

부수 儿 총획 6획

| 먼저 선 | 먼저 선 | 먼저 선 | 먼저 선 |

| 먼저 선 | 먼저 선 | 먼저 선 | 먼저 선 |

| 먼저 선 | 먼저 선 | 먼저 선 | 먼저 선 |

날(나다) 생

'나다', '생기다'라는 뜻이고, '생'이라고 읽어요.
'생일', '생명' 할 때 쓰는 한자예요.

새싹이 땅 위로 돋아난 모양에서 만들어진 글자예요.

生生生生生

부수   총획 5획

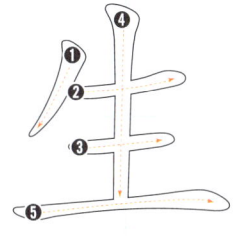

| 날 생 | 날 생 | 날 생 | 날 생 |

| 날 생 | 날 생 | 날 생 | 날 생 |

| 날 생 | 날 생 | 날 생 | 날 생 |

5주차 사람을 배워요

Day 22 軍자와 人자를 배워요.

군사 군

우리나라의 하늘과 땅, 바다를 지켜 주는 군인들이 있어서 우리는 안심하고 지낼 수 있어요.
아래 그림을 보고 '군대'와 '사람'을 나타내는 한자를 따라 써 봅시다.

사람 인

군사 군

'군사'라는 뜻이고, '군'이라고 읽어요.
'군인', '장군' 할 때 쓰는 한자예요.

군대에서 전차를 둘러싸고 진을 친 모습에서 만들어진 글자예요.

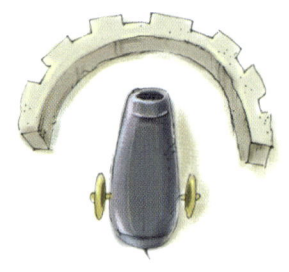

軍軍軍軍軍軍軍軍軍

부수 車 총획 9획

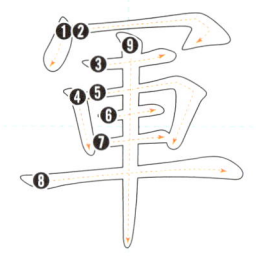

| 군사 군 | 군사 군 | 군사 군 | 군사 군 |

| 군사 군 | 군사 군 | 군사 군 | 군사 군 |

| 군사 군 | 군사 군 | 군사 군 | 군사 군 |

사람 인

'사람'이라는 뜻이고, '인'이라고 읽어요.
'인형', '인사' 할 때 쓰는 한자예요.

서 있는 사람의 옆모습에서 만들어진 글자예요.

人 人

부수 人   총획 2획

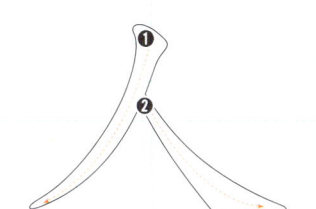

| 사람 인 | 사람 인 | 사람 인 | 사람 인 |

| 사람 인 | 사람 인 | 사람 인 | 사람 인 |

| 사람 인 | 사람 인 | 사람 인 | 사람 인 |

5주차 사람을 배워요

Day 23 王자와 民자를 배워요.

임금 왕

궁궐에 사는 임금님이 백성들을 살피기 위해 마을로 나왔어요.
아래 그림을 보고 '임금'과 '백성'을 나타내는 한자를 따라 써 봅시다.

백성 민

임금 왕

'임금'이라는 뜻이고, '왕'이라고 읽어요.
'왕자', '국왕' 할 때 쓰는 한자예요.

날이 아래로 향한 도끼의 모양에서 만들어진 글자예요.

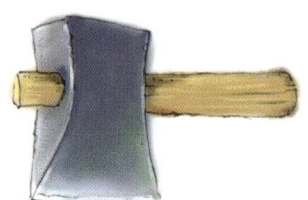

王 王 王 王

부수 王   총획 4획

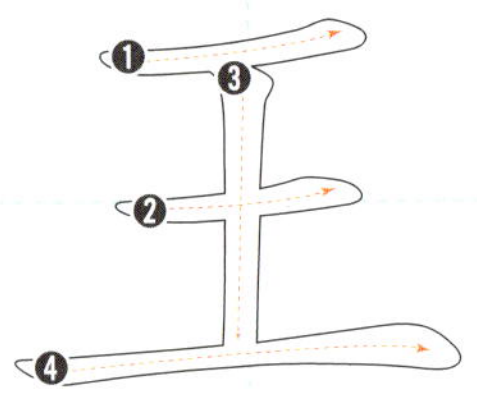

임금 왕   임금 왕   임금 왕   임금 왕

임금 왕   임금 왕   임금 왕   임금 왕

임금 왕   임금 왕   임금 왕   임금 왕

백성 민

'백성'이라는 뜻이고, '민'이라고 읽어요.
'국민', '민속' 할 때 쓰는 한자예요.

임금에게 고개를 숙이는 사람의 모습에서 만들어진 글자예요.

民 民 民 民 民

부수 氏   총획 5획

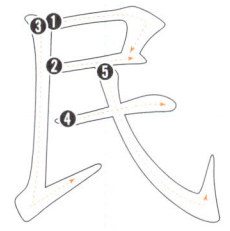

| 백성 민 | 백성 민 | 백성 민 | 백성 민 |

| 백성 민 | 백성 민 | 백성 민 | 백성 민 |

| 백성 민 | 백성 민 | 백성 민 | 백성 민 |

5주차 사람을 배워요

Day 24 靑자와 白자를 배워요.

靑 푸를 청

운동회 날 친구들이 청군과 백군으로 나누어 줄다리기하고 있어요.
아래 그림을 보고 '푸르다'와 '희다'를 나타내는 한자를 따라 써 봅시다.

흰 백 白

푸를(푸르다) 청

'푸르다'라는 뜻이고, '청'이라고 읽어요.
'청개구리', '청포도' 할 때 쓰는 한자예요.

파란 풀이 우물가에 나 있는 모양에서 만들어진 글자예요.

青 青 青 青 青 青 青 青

부수 青 총획 8획

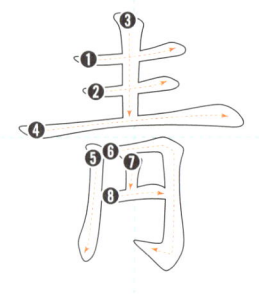

푸를 청   푸를 청   푸를 청   푸를 청

푸를 청   푸를 청   푸를 청   푸를 청

푸를 청   푸를 청   푸를 청   푸를 청

흰(희다) 백

'희다'라는 뜻이고, '백'이라고 읽어요.
'백설공주', '백조' 할 때 쓰는 한자예요.

위로 향해 뻗어가는 햇빛의 모양에서 만들어진 글자예요.

白 白 白 白 白

부수 白　총획 5획

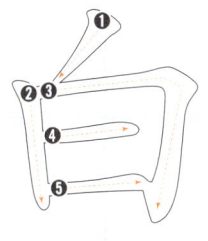

흰 백 　　　 흰 백 　　　 흰 백 　　　 흰 백

흰 백 　　　 흰 백 　　　 흰 백 　　　 흰 백

흰 백 　　　 흰 백 　　　 흰 백 　　　 흰 백

Day 25 山자와 年자를 배워요.

산 산

山

봄, 여름, 가을, 겨울, 산속의 사계절은 어떤 모습일까요?
아래 그림을 보고 '산'과 '해(나이)'를 나타내는 한자를 따라 써 봅시다.

해 년

山

산(메) 산

'메'는 '산'을 예스럽게 일컫는 말이에요.

'산'이라는 뜻이고, '산'이라고 읽어요.
'강산', '남산' 할 때 쓰는 한자예요.

세 개의 산봉우리 모양에서 만들어진 글자예요.

山 山 山

부수 山　**총획** 3획

해 년

'해'라는 뜻이고, '년'이라고 읽어요.
'학년', '연세' 할 때 쓰는 한자예요.

벼를 베어 어깨에 짊어진 사람의 모습에서 만들어진 글자예요.

낱말 맨 앞에 올 때는 '연'이라고 말해요.

年 年 年 年 年 年

부수 干   총획 6획

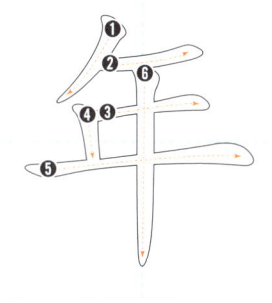   

| 해 년 | 해 년 | 해 년 | 해 년 |

| 해 년 | 해 년 | 해 년 | 해 년 |

| 해 년 | 해 년 | 해 년 | 해 년 |

5주차 사람을 배워요

나는야 급수왕!

1. 다음 한자에 맞는 뜻과 독음(읽는 소리)을 찾아 줄을 잇고 큰 소리로 읽어 보세요.

① 生 •　　• 나다, 생기다 •　　• 군

② 軍 •　　• 푸르다 •　　• 생

③ 靑 •　　• 군사 •　　• 청

2. 다음 그림을 보고 연상되는 한자의 뜻과 독음(읽는 소리)을 쓰세요.

①

군대에서 전차를 둘러싸고 진을 친 모습에서 만들어진 글자예요.

뜻　　　　　　　　　음

②

세 개의 산봉우리 모양에서 만들어진 글자예요.

뜻　　　　　　　　　음

3. 다음 밑줄 친 낱말을 한자로 바르게 쓴 것을 고르세요.

보기 ㄱ 人   ㄴ 日   ㄷ 靑   ㄹ 白

① 열 길 물 속은 알아도 한 길 **사람** 속은 모른다.

② 여름이 되자 온 산이 **푸르게** 변했어요.

③ 하늘에 **하얀** 구름이 두둥실 떠 갑니다.

4. 다음 한자어 퍼즐에서 한자의 독음(읽는 소리)을 쓰세요.

5. 다음 밑줄 친 낱말을 한자로 바르게 쓴 것을 고르세요.

보기 ㄱ 學生   ㄴ 靑白   ㄷ 軍人   ㄹ 先生

❶ <u>선생</u>님이 교실에서 우리를 맞이했어요.

❷ 학생들은 <u>청백</u>으로 나누어 줄다리기를 했어요.

❸ 아무리 추운 겨울에도 <u>군인</u>들은 나라를 지킵니다.

6. 다음 뜻과 음에 알맞게 한자를 완성하세요.

❶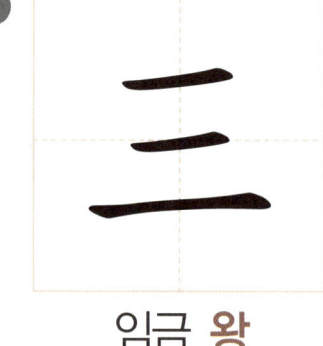
임금 **왕**

❷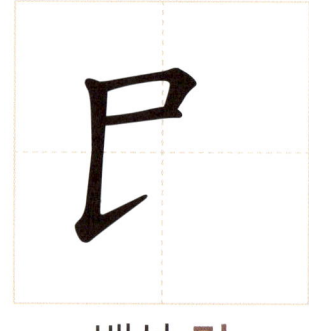
백성 **민**

❸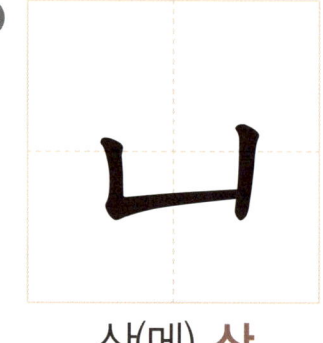
산(메) **산**

❹
해 **년**

7. 다음 이야기를 읽고, 속담과 고사성어를 천천히 따라 써 보세요.

벼락은 보통 큰비가 내릴 때 치지요. 그런데 맑게 갠 하늘에 갑자기 벼락이 친다면 얼마나 놀랄까요? '마른하늘에 날벼락'이라는 속담은 생각지도 못했던 일이 벌어져서 당황한 것을 표현한 말이에요.

같은 뜻을 가진 고사성어로는 '청천벽력(靑天霹靂)'이라는 말이 있어요. 여러분은 이렇게 놀란 적이 있나요? 함께 이야기를 나누어 보세요.

속담 쓰기

마	른	하	늘	에		날	벼	락
마	른	하	늘	에		날	벼	락

고사성어 쓰기

靑	天	霹	靂
푸를 **청**	하늘 **천**	벼락 **벽**	벼락 **력**

나는야 놀이왕!

영차영차 개미 창고

겨울이 오기 전 개미가 맛있는 먹이를 모으고 있어요. 먹이 창고는 어느 길로 가야 할까요?
갈림길에 있는 한자의 바른 소리를 따라 길을 찾아 보세요.

신기한 곤충 잡기

붕붕, 윙윙! 친구들이 곤충 잡기 놀이를 하고 있어요. 친구들이 가지고 있는 곤충망에 적힌 내용에 알맞은 한자를 찾아 줄을 이어 보세요. 그리고 큰 소리로 읽어 봅시다.

파워가 업그레이드 되는

슈퍼 부록

- 슈퍼 그림한자50 모아보기
  (한자능력검정시험 8급)
- 한자능력검정시험 대비 8급 문제지
- 정답

슈퍼 그림한자50 모아보기

모아보기에서는 한자능력검정시험 8급 급수한자 50자와 본 책에 실린 한자를 모아 가나다 순으로 실었습니다. (8급 이외 급수 한자는 *로 표시)

ㄱ

敎 가르칠(가르치다) 교	112
校 학교 교	108
九 아홉 구	24
國 나라 국	84
軍 군사 군	128
金 쇠 금 / 성씨 김	76

ㄴ

南 남녘 남	100
女 여자 녀	48
年 해 년	140

ㄷ/ㄹ

大 클(크다) 대	56
東 동녘 동	96
六 여섯 륙	20

ㅁ

萬 일만 만	28
母 어머니 모	40
木 나무 목	72
門 문 문	104
民 백성 민	132

ㅂ

白 흰(희다) 백	136
父 아버지 부	40
北 북녘 북 / 달아날 배	100

ㅅ

四 넉(넷) 사	16
山 산(메) 산	140
三 석(셋) 삼	52
生 날(나다) 생	124
西 서녘 서	96
先 먼저 선	124
小 작을(작다) 소	56
水 물 수	72
室 집 실	112
十 열 십	28

ㅇ

五 다섯 오	16
王 임금 왕	132
外 바깥 외	104
月 달 월	68
二 두(둘) 이	12

人 사람 인	128
一 한(하나) 일	12
日 날 일 / 해 일	80

ㅈ

長 길(길다) 장 / 어른 장	48
弟 아우 제	44
中 가운데 중	80

ㅊ

靑 푸를(푸르다) 청	136
寸 마디 촌	52
七 일곱 칠	20

ㅌ/ㅍ

| 土 흙 토 | 76 |
| 八 여덟 팔 | 24 |

ㅎ

學 배울(배우다) 학	108
韓 나라 한 / 한국 한	84
兄 형 형	44
火 불 화	68

한자능력검정시험 대비 8급 문제지

8級 | 50문항 | 50분 시험 | 시험일자: 20 . . .

성명 _____ 수험번호 ☐☐☐-☐☐-☐☐☐☐

[문제 1-10] 다음 글의 ( ) 안에 있는 漢子한자의 讀音(독음:읽는 소리)을 쓰세요.

(音) ➡ 음

[1] (月)요

[2] (日) 아침,

[3] 교(門) 앞

[4] (大)로는

[5] (三)삼

[6] (五)오 모여서

[7] 등(校)하는

[8] (學)

[9] (生)들과

[10] 맞이하는 (先)생님들로 북적입니다.

[문제 11-20] 다음 訓(훈: 뜻)이나 音(음: 소리)에 알맞은 漢子한자를 〈보기〉에서 찾아 그 번호를 쓰세요.

①山 ②東 ③小 ④靑 ⑤寸
⑥金 ⑦女 ⑧八 ⑨木 ⑩四

[11] 산

[12] 푸르다

[13] 사

[14] 작다

[15] 촌

[16] 쇠, 금속

[17] 팔

[18] 여자

[19] 동

[20] 나무

[문제 21-30] 다음 밑줄 친 말에 해당하는 漢子한자를 〈보기〉에서 찾아 그 번호를 쓰세요.

①白 ②王 ③火 ④水 ⑤父
⑥軍 ⑦人 ⑧長 ⑨民 ⑩兄

[21] **아버지**와 수영장에 갑니다.

[22] **형**이랑 사과를 나누어 먹습니다.

[23] **임금님**은 심청에게 큰 상을 내렸어요.

[24] **백성**들은 힘을 모아 농사를 지었어요.

[25] **군인**들은 적을 물리쳤어요.

[26] 항상 **산불**을 조심합시다.

[27] 그 **사람**은 친절합니다.

[28] <u>길</u>고 <u>짧</u>은 것은 대봐야 안다.

[29] <u>물</u>이 맑습니다.

[30] <u>흰</u> 눈이 소복이 쌓였어요.

[문제 31-40] 다음 한자의 訓(훈: 뜻)과 音(음: 소리)을 쓰세요.

(音) ➡ 소리 음

[31] 九

[32] 國

[33] 南

[34] 年

[35] 北

[36] 西

[37] 室

[38] 二

[39] 七

[40] 土

[문제 41-44] 다음 한자의 訓(훈: 뜻)을 〈보기〉에서 찾아 그 번호를 쓰세요.

①하나 ②여섯 ③가르치다 ④일만

[41] 一

[42] 六

[43] 敎

[44] 萬

[문제 45-48] 다음 한자의 音(음: 소리)을 〈보기〉에서 찾아 그 번호를 쓰세요.

①중 ②제 ③십 ④외

[45] 弟

[46] 中

[47] 外

[48] 十

[문제 49-50] 漢子한자의 진하게 표시한 획은 몇 번째에 쓰는지 〈보기〉에서 그 번호를 쓰세요.

①첫 번째 ②두 번째 ③세 번째
④네 번째 ⑤다섯 번째 ⑥여섯 번째
⑦일곱 번째 ⑧여덟 번째 ⑨아홉 번째
⑩열 번째

[49]    [50]

 QR코드를 스캔하여 문제의 정답을 확인하세요.

정답

1주차

나는야 급수왕 (32쪽)

1.
① 五 — 여덟 — 오
② 七 — 다섯 — 팔
③ 八 — 여덟 — 칠
(① 五-오, ② 七-칠, ③ 八-여덟·팔 연결)

2. ① 뜻 두(둘) 음 이   ② 뜻 열 음 십

3. ① ㄴ   ② ㄷ   ③ ㄱ

4. ① 통일   ② 사각형   ③ 오월   ④ 북두칠성

5. ① ㄹ   ② ㄱ   ③ ㄷ

6.

① 四 넉 사

② 六 여섯 륙

③ 九 아홉 구

④ 萬 일만 만

나는야 놀이왕 (36쪽)

정답 155

2주차

나는야 급수왕 (60쪽)

1.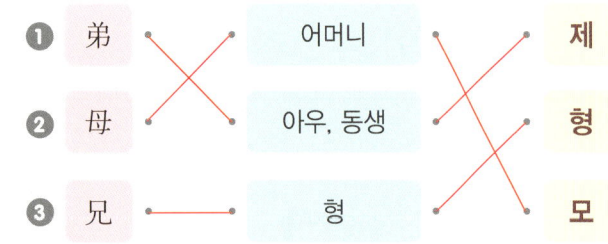

2. ① 뜻 마디 음 촌 ② 뜻 작을 음 소

3. ① ㄴ ② ㄱ ③ ㄹ

4. ① 제자 ② 장점
   ③ 삼월 ④ 부자

5. ① ㄴ ② ㄱ ③ ㄹ

6.
①  클 대
② 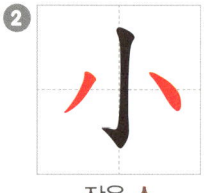 작을 소
③  여자 녀
④  길 장

나는야 놀이왕 (64쪽)

3주차

나는야 급수왕 (88쪽)

1.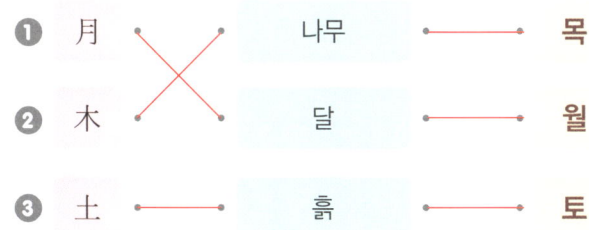

2. ① 뜻 쇠/성씨 음 금/김 ② 뜻 나라 음 국

3. ① ㄷ   ② ㄱ   ③ ㄴ

4. ① 화산   ② 중심   ③ 생일   ④ 수도

5. ① ㄷ   ② ㄹ   ③ ㄴ

6.
① 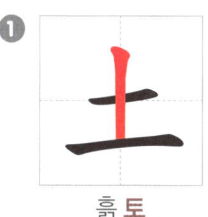 흙 토
②  나라 국
③  쇠 금
④  나라 한

나는야 놀이왕 (92쪽)

4주차

나는야 급수왕 (116쪽)

1.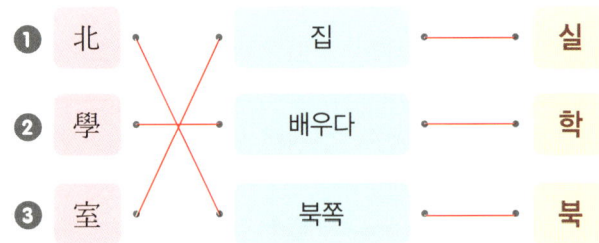

2. ❶ 뜻 문 음 문   ❷ 뜻 북녘/달아날 음 북/배

3. ❶ ㄹ   ❷ ㄴ   ❸ ㄷ

4. ❶ 학생   ❷ 남해   ❸ 북극   ❹ 실내

5. ❶ ㄹ   ❷ ㄴ   ❸ ㄱ

6.
❶
문 문

❷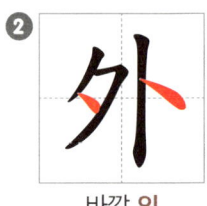
바깥 외

❸
동녘 동

❹
서녘 서

나는야 놀이왕 (120쪽)

5주차

나는야 급수왕 (144쪽)

1.

2. ① 뜻 군사 음 군 ② 뜻 산(메) 음 산

3. ① ㄱ   ② ㄷ   ③ ㄹ

4. ① 장군   ② 백조
   ③ 청색   ④ 생일

5. ① ㄹ   ② ㄴ   ③ ㄷ

6. ①  임금 왕 ②  백성 민
   ③  산(메) 산 ④  해 년

나는야 놀이왕 (148쪽)

하루 한 장 기적의 한자학습, 초등한자와 급수한자 8급을 한번에

슈퍼파워 그림한자 1 단계

초판 1쇄 발행 | 2019년 7월 25일
초판 7쇄 발행 | 2025년 4월 10일

지은이 | 동양북스 교육콘텐츠연구회
발행인 | 김태웅
책임편집 | 양정화
디자인 | 남은혜, 김지혜
마케팅 총괄 | 김철영
온라인 마케팅 | 신아연
제 작 | 현대순

발행처 | (주)동양북스
등 록 | 제 2014-000055호
주 소 | 서울시 마포구 동교로22길 14 (04030)
구입 문의 | 전화 (02)337-1737   팩스 (02)334-6624
내용 문의 | 전화 (02)337-1763   이메일 dymg98@naver.com

ISBN 979-11-5768-521-9 73710

ⓒ 2019. 동양북스 교육콘텐츠연구회

▶ 본 책은 저작권법에 의해 보호를 받는 저작물이므로 무단 전재와 복제를 금합니다.
▶ 잘못된 책은 구입처에서 교환해 드립니다.